AF297935

SERMON

PRONONCÉ

A L'OCCASION DE L'AVÉNEMENT

DE SA MAJESTÉ

LOUIS-PHILIPPE IER,

DANS L'ÉGLISE D'HÉRICOURT, LE 22 AOUT 1830,

par son pasteur, *Fred. Lods,*

Sur l'Évangile de St. Matthieu, chap. XIII, vers. 16 et 17.

Nous avons les plus justes motifs de bénir
Dieu du temps où il nous fait vivre.

PARIS.

IMPRIMERIE DE AUGUSTE MIE,

RUE JOQUELET, N° 19.

1830.

SERMON

PRONONCÉ

A L'OCCASION DE L'AVÉNEMENT

DE SA MAJESTÉ

LOUIS-PHILIPPE Ier.

« Vous êtes heureux d'avoir des yeux qui voient
« et des oreilles qui entendent. Car je vous dis en
« vérité que plusieurs prophètes et plusieurs justes
« ont désiré de voir ce que vous voyez et ne l'ont
« pas vu, et d'entendre ce que vous entendez et
« ne l'ont pas entendu. » St.-Matthieu, XIII, 16, 17.

Un fait bien important, qui résulte de l'étude
attentive de l'histoire du monde, depuis son ber-
ceau jusqu'à nos jours, c'est que le genre humain
qui, dans chaque siècle, a rempli la tâche qui lui
était imposée d'en haut, ne reste point station-
naire, mais qu'il tend à s'élever sans cesse et à
conquérir une plus grande part de prospérité. Une

1.

impulsion toute puissante le porte à se développer incessamment, et à se rapprocher toujours davantage du point de maturité où il se montrera dans toute la plénitude de ses forces, et réalisera ses hautes destinées. Ce qui manquerait encore à un siècle, les siècles suivans l'obtiennent, et accroissent ainsi la masse des connaissances, des découvertes utiles, et des avantages intellectuels et moraux. Insensiblement les ténèbres se dissipent. La nuit de l'ignorance, qui couvrait la terre, fuit devant le flambeau de l'instruction et de la vérité. Les entraves qui embarrassaient les premiers pas de l'homme sont brisées et disparaissent. La force morale, la pensée triomphe chaque jour davantage de la force matérielle, qui régnait d'abord en souveraine absolue. L'existence se dégage peu à peu des élémens grossiers dont elle se composait, et les traits sublimes qui annoncent en nous une nature et une destination célestes se dessinent de plus en plus et apparaissent dans toute leur grandeur. L'homme, qui végétait d'abord à peu près comme la brute, et ne connaissait guère que les besoins physiques, sent bientôt s'éveiller en lui des besoins et des penchans d'un ordre supérieur. Par son activité et son industrie, il établit son empire sur la terre, et en change pour ainsi dire la face. Les arts viennent chaque jour embellir son existence, et en augmenter les ressources et les agrémens. Ses droits, long-temps méconnus et contestés, acquièrent enfin, après des luttes opiniâtres, une autorité qui les fait respecter. La vraie civilisation gagne de jour en jour du terrain, et appelle un plus grand nombre de nos semblables à jouir de ses bienfaits.

Sans doute, cette marche ascendante de notre espèce est, à certaines époques, contrariée et ralentie. Il est des momens où l'humanité paraît sommeiller et près de retomber dans la barbarie, d'où elle n'était sortie qu'après de longs et pénibles efforts. Sans doute, des calamités effrayantes viennent quelquefois la menacer de lui ravir les nobles conquêtes qu'elle avait déjà faites, et de comprimer son généreux élan sous le poids de la force brutale et d'un despotisme avilissant. Mais l'histoire nous rassure bientôt en nous montrant que la délivrance est bien proche, alors que le mal paraît à son comble. Elle nous dit que ces époques d'arrêt et de stagnation ne sont pas entièrement perdues pour l'humanité, et qu'elle ne tarde pas à se réveiller pour poursuivre, avec une vigueur et des forces nouvelles qu'elle a puisées dans son sommeil momentané, sa carrière de perfectionnement. Les germes d'une régénération et d'un ordre de choses meilleur se développaient en silence, tandis que le monde semblait livré à une destruction inévitable. Le bien naît du mal lui-même, l'ordre de la confusion. La tyrannie, qui avait pesé quelque temps sur la terre, s'use et se brise par ses propres excès, et enfante la liberté. La superstition et le fanatisme, en dévoilant toute leur laideur, préparent et amènent le régne d'une piété sage et éclairée.

Ainsi se déroule, sous les yeux de l'observateur attentif, l'histoire de notre espèce. Une tendance et un progrès continuel vers la perfection, tel est son caractère. Quelle éloquente démonstration de cette vérité, que les événemens de ce monde ne sont pas livrés au hasard, mais qu'un Dieu, parfaitement juste, sage et bon, y préside toujours et dirige les destinées du genre humain! Sous sa sainte direction, il triomphe insensiblement de tous les obstacles qui s'opposaient à sa marche, et chaque siècle vient lui payer son tribut de gloire et ajouter quelque chose à l'édifice de sa grandeur. Chaque siècle lui fait faire de nouveaux pas vers la perfection, et lui ménage une plus grande somme de prospérité.

Pourrions-nous en douter, si nous comparons le point de départ du genre humain avec son état actuel? Quelle époque pourrait nous offrir une plus grande civilisation, plus de vraie liberté, plus de progrès en tout genre, plus de douceurs et d'agrémens dans toutes les relations de la vie, plus de titres de gloire acquis à l'humanité? Oui, nous pouvons nous estimer heureux, comme le dit le Sauveur, *de voir ce que nous voyons, et d'entendre ce que nous entendons.*

Loin de nous, sans doute, la pensée de contester aux siècles précédens les avantages qui les distinguaient et de les calomnier; mais aussi nous prétendons, à bon droit, que nous n'avons rien à leur envier, et qu'en les regrettant amèrement, comme le font des hommes qui embellissent le passé des prestiges de leur imagination, et qui ne veulent pas voir ce que l'époque actuelle a de grand et de beau, nous montrerions peu de lumières, et surtout peu de reconnaissance des biens inestimables dont la Providence nous comble, et qui, mis dans la balance avec ceux des siècles qui nous ont précédés, l'emportent de beaucoup sur eux. Oui, mes freres, l'humanité a suivi sa marche vers la perfection, *et nous avons, en particulier, les plus justes motifs de bénir Dieu du temps où il nous fait vivre.* Nous allons essayer de développer cette proposition, qui acquiert un nouveau degré de force et d'évidence de la glorieuse révolution qui vient de s'accomplir dans notre patrie, et qui lui prépare, nous en avons la douce assurance, les plus belles destinées. Sanctifions donc le bonheur qui nous sourit, par des pensées religieuses et par les sentimens et les vertus sans lesquelles il ne pourrait avoir une longue durée.

C'est Dieu, nous n'en saurions douter, c'est Dieu lui-même qui a dirigé le cours des événemens dont nous sommes les témoins, et qui portent le cachet évident de sa sainteté, de sa justice et de sa bonté. Ah! sentons-le vivement, et conduisons-nous d'après cette persuasion.

Je vous le dis en vérité que plusieurs prophètes et plusieurs justes ont désiré de voir ce que vous voyez et ne l'ont pas vu, et d'entendre ce que vous entendez et ne l'ont pas entendu. Ainsi s'exprimait le Sauveur, pour faire sentir à ses disciples tout ce que leur position avait d'avantageux, comparée à celle de leurs pères. En effet, plusieurs prophètes et plusieurs hommes justes, qui vivaient sous l'ancienne alliance dont ils reconnaissaient les lacunes et l'imperfection, portaient des regards avides vers l'époque encore éloignée où paraîtrait le Messie dont la promesse était faite à la terre, vers cette époque de lumière, de salut et de félicité qu'il ne leur serait pas donné de voir, mais dont la pensée les consolait et soutenait leurs espérances. Vivant sous une économie qui ne pouvait satisfaire tous les besoins de leur ame, et ayant sous les yeux le spectacle affligeant de l'ignorance, de la dureté et des vices de leurs contemporains, ils se réfugiaient en pensée dans l'avenir meilleur qui se préparait, et appelaient de tous leurs vœux le moment où le soleil de justice et de grace éclairerait la terre de ses rayons vivifians, et où l'humanité, affranchie par Dieu lui-même de ses chaînes et de ses misères, marcherait à grands pas dans la carrière de la liberté et du bonheur. Ces temps fortunés, qu'il n'était permis aux pieux Israélites que d'entrevoir de bien loin, étaient enfin venus. La lumière avait paru dans le monde. Un pacte de clémence et d'amour allait être conclu et cimenté par le sang le plus précieux. La race d'Adam allait rentrer dans tous ses droits et dans toute sa dignité. Jésus félicite ses apôtres d'être les témoins de ces grands événemens, de pouvoir contempler les voies merveilleuses de la Providence, et de participer au bonheur que Dieu destine au monde réconcilié avec lui. Maintenant leurs destinées n'ont plus rien d'obscur et d'inquiétant. Ils sont les enfans de Dieu, les objets de ses tendres compassions; et les prodiges d'amour et de charité qui s'opèrent sous leurs yeux leur marquent assez clairement tout ce qu'ils ont à attendre de leur Père céleste.

Si les contemporains de Jésus pouvaient se féliciter de voir ce qu'ils voyaient, et d'entendre ce qu'ils entendaient; nous aussi, mes frères, nous pouvons et nous devons bénir Dieu des choses dont nous sommes les témoins et du temps où il nous fait vivre. Car l'apparition du Sauveur dans le monde a porté ses fruits; par elle l'humanité a reçu l'impulsion la plus puissante et la plus heureuse; tous les genres de prospérité se sont développés et accrus; et le siècle où nous vivons se distingue, en particulier, par des avantages si grands, qu'il faudrait un inconcevable aveuglement pour ne pas les reconnaître. Combien n'y voyons et n'y entendons-nous pas de choses qui eussent transporté nos pères de joie et comblé tous leurs vœux? Les biens qu'ils possédaient déja, nous les possédons aussi en plus grande abondance, et nous ne sommes plus exposés aux souffrances, aux privations et aux sacrifices qui étaient souvent leur partage. Nous jouissons d'une douce paix et d'une sécurité complète, tandis qu'ils avaient à lutter pour la cause de la vérité, et que souvent la mort planait au-dessus de leur tête. Souvent ils ont versé leur sang pour la liberté civile et religieuse qui triomphe maintenant et nous prodigue ses bienfaits. Ainsi, nous avons les plus justes motifs de bénir Dieu du temps où il nous fait vivre.

1. Et d'abord, sous le point de vue religieux, comme chrétiens. Les besoins religieux de l'homme, c'est-à-dire ceux qui se rapportent à son avenir tout entier, à son bonheur dans le temps et dans l'éternité, sont, sans nul doute, les premiers dans l'ordre de leur importance. C'est par eux que l'homme est véritablement homme et qu'il imprime à son existence une valeur et une beauté immuables. Mais pour que ces besoins, qui ont leur source dans les profondeurs les plus intimes de son ame, soient pleinement satisfaits et lui procurent tout le bonheur qu'il est autorisé à en attendre, il faut que la religion qui est appelée à y répondre soit éclairée, raisonnable, pure et digne en tout du Dieu dont elle manifeste les volontés. Eh bien! mes frères, le siècle où nous vivons nous présente, à un haut degré, ce précieux avantage. Le christianisme, qui était à son origine dans une complète harmonie avec tous les besoins de notre nature morale, avait vu sa gloire insensiblement éclipsée. L'ignorance, la superstition et le fanatisme s'en étaient emparés, et en avaient fait, à la longue, un instrument d'oppression et de tyrannie sous lequel plusieurs siècles ont gémi. Mais dégagé enfin, par le génie et le courage de nos réformateurs, de l'alliage grossier et terrestre qui le défigurait, il a été ramené à sa pureté primitive,

12

et dès-lors il n'a cessé de faire des progrès et
d'exercer son influence vivifiante sur les ames. La
religion est redevenue, pour un grand nombre de
nos semblables, l'affaire de l'intelligence et du
cœur, le soutien de la faiblesse humaine, la su-
prême consolation des affligés et des malheureux;
elle est redevenue une alliance sainte entre le ciel
et la terre, une source de grandes et nobles pensées, de généreux sentimens, de douces et pures
émotions, d'espérances toutes célestes. Sous sa direction, toutes les vertus se développent et se for-
tifient. Ce n'est plus par la violence et par la contrainte qu'elle veut régner. La conscience, voilà
son empire et son domaine, d'où elle ne sort que
pour vivifier et embellir l'existence par la sainte
autorité de ses divins préceptes et de ses grands
exemples. Elle repousse toute alliance impie avec
les passions et les ambitions de la terre. C'est sur
les esprits et sur les cœurs qu'elle veut établir sa
domination, pour les enrichir de trésors spirituels,
pour les diriger vers tout ce qui est vrai, noble et
pur. D'accord avec une saine philosophie, elle pro-
clame hautement les principes d'une sage tolé-
rance et de la liberté entière des consciences, principes qui passent de plus en plus dans les idées et
dans les mœurs de nos contemporains.—Aussi pou-
vons-nous manifester, sans gêne, nos convictions

religieuses, et adorer Dieu d'après les lumières de notre raison et les vœux de notre cœur. Plus de ces entraves, plus de ces moyens de contrainte, plus de ces persécutions auxquelles nos pères ont été si long-temps en butte. Des lois, fondées sur la nature de l'homme et en harmonie avec les besoins éternels des sociétés, garantissent les droits de la conscience; et nous pouvons nous glorifier, à la face du monde, de notre sainte croyance, et la professer sans aucune crainte. Un culte d'esprit et de vérité, un culte de confiance, de dévouement, d'amour et de perfection, l'emporte chaque jour sur des pratiques minutieuses, et prépare au vrai christianisme un avenir de triomphe et de gloire dont chacun de nous recueillera sa part.

N'est-il donc pas vrai de dire que nous avons les plus justes motifs de bénir Dieu du temps où il nous fait vivre?

2. D'autant plus que notre siècle nous offre encore, sous le rapport intellectuel et moral, des avantages infiniment précieux.

A mesure que la vraie et pure religion étend son empire et exerce sur les cœurs une plus grande influence, l'homme sent s'éveiller les plus nobles facultés de son esprit; ses pensées s'agrandissent et s'élèvent; sa raison prend un rapide essor et se porte sur les objets les plus dignes de l'occuper.

Il éprouve le besoin irrésistible de s'instruire toujours davantage, de reculer les bornes de son sa-
voir, de se mieux connaître lui-même, d'étudier
les rapports de son être avec les objets qui l'envi-
ronnent, de se rendre compte des œuvres de son
Dieu et des intentions qui y ont présidé; il veut
tout examiner, tout approfondir. De là les progrès
rapides des lumières qui distinguent notre siècle et
qui en font la gloire. L'ignorance et les préjugés
reculent de jour en jour devant le flambeau de la
science; la vérité se fraie partout des routes nouvelles; les moyens d'instruction, les connaissances
les plus précieuses se répandent dans toutes les
classes de la société, et y apportent, avec des idées
plus saines, un bien-être qui leur fut long-temps
inconnu. Les spéculations de l'esprit ne restent
plus stériles; elles ont toutes une tendance et un
but d'utilité. Les inventions les plus merveilleuses
des arts naissent à chaque instant à la voix du génie, et en multipliant les forces et le pouvoir de
l'homme, elles élèvent sa dignité et impriment à
son existence une direction plus noble. Qu'en ré-
sulte-t-il? C'est que l'homme, connaissant mieux
ses devoirs et plus pénétré de leur importance et
de leur sainteté, apprend aussi à les respecter davantage; c'est que les lumières dont son esprit est
éclairé allument en même temps dans son cœur le

noble feu de la vertu. Car il est dans l'ordre de la nature morale que la connaissance de la vérité produise le perfectionnement de l'ame, et qu'une instruction plus complète et plus solide se manifeste en général par une plus grande moralité. Et certes, sans vouloir révoquer en doute les vertus des siècles précédens, nous pouvons affirmer que notre siècle a fait, à cet égard, des progrès sensibles. Retrempées, en quelque sorte, par de longues épreuves, purifiées au creuset du malheur, qui leur a donné de grandes et salutaires leçons, éclairées par de tristes expériences sur les suites funestes du désordre et de la corruption, les ames ont, en général, abandonné, au sein de la tourmente et des orages qui ont agité la fin du dernier siècle et l'aurore de celui où nous vivons, la légèreté, la frivolité et la dissipation, qui n'étaient que trop à la mode; elles ont contracté des habitudes de réflexion, de gravité, de modération, d'ordre et de sagesse qui sont éminemment favorables à la pureté des mœurs; elles se sont tournées avec empressement vers tout ce qui peut ennoblir l'homme et donner à son existence une valeur durable. L'on a appris à respecter davantage ce qui est digne en soi-même de tous nos respects. L'impiété a cessé d'être un titre de gloire et un moyen de briller aux yeux d'un monde livré à la vanité. La religion, rendue de plus en plus à sa véritable destination, ressaisit le doux et salutaire empire qu'elle doit exercer sur les ames. Les penchans s'ennoblissent, les goûts sont plus purs; plus de décence, de retenue et de dignité règne dans les plaisirs. Les premiers rangs de la société ne donnent plus, comme autrefois, l'exemple d'une corruption qui, gagnant de proche en proche, menaçait d'infecter tout le corps social. Et quel siècle fut plus fécond que le nôtre en vertus douces et modestes, en actes de vraie charité, de généreux dévouement, de noble courage et de bienfaisance? Quel siècle vit naître plus d'institutions destinées à soulager les misères humaines, à porter, dans les esprits, la lumière, et avec elle les vrais principes du bien? Oui, mes frères, le genre humain marche à grands pas vers la perfection qui lui est tracée d'en haut, et nous avons de justes motifs de bénir Dieu du temps où nous vivons.

3. Car notre siècle nous fait encore jouir, comme citoyens et sous le rapport civil et politique, d'avantages inestimables.

La liberté, c'est-à-dire l'affranchissement de toute espèce de despotisme, la faculté et le droit de n'obéir qu'à la loi, expression fidèle de la raison universelle, voilà, mes frères, une des premières conditions du perfectionnement de l'homme, et l'une des sources les plus fécondes des grandes vertus et de la prospérité publique et individuelle. Sans elle, tout se rapetisse et s'abâtardit; les plus belles facultés de l'homme et ses plus nobles penchans se rouillent, privés de culture. Un bas égoïsme, une servilité rampante, une honteuse hypocrisie, les passions les plus malfaisantes, croissent et se développent pour le malheur de la société. Un troupeau d'esclaves abrutis et des tyrans qui en disposent au gré de leurs caprices, tel est alors le spectacle qu'offre le monde. Cet état n'a été que trop long-temps celui du genre humain; mais Dieu n'a pas permis que ses enfans fussent toujours privés d'un des premiers biens de la vie : il a mis dans leur cœur le besoin de la liberté; et lorsque la tyrannie les accable d'un poids insupportable, ils la secouent et ressaisissent leurs droits inaliénables.

Tel a été le principe de la révolution qui éclata parmi nous, il y a déjà quarante ans, et qui a commencé à changer l'aspect de notre patrie. Sans doute, des excès et des crimes, qu'on voudrait pouvoir effacer d'une histoire d'ailleurs si belle, ont souillé nos premiers pas dans la carrière de la liberté, et ont préparé le joug qui a de nouveau pesé sur la France pendant quelques années. Sans doute, cette première révolution n'a pas réalisé de suite toutes les promesses qu'elle faisait à son aurore. Hélas! le bien ne s'improvise pas sur la terre, et ses progrès sont souvent ralentis par les faiblesses et les fautes des hommes. Mais si nous avons dû passer encore par de dures épreuves, au moins nous avons su en tirer de salutaires leçons.

L'arbre de la liberté a grandi au sein des tempêtes, il a poussé de profondes racines dans le sol de la patrie; et lorsque, dans un aveuglement bien criminel, on a tenté de l'en arracher, un cri d'alarme a retenti dans tous les cœurs; des milliers de bras se sont aussitôt armés pour sa défense, et une nouvelle révolution, accomplie en quelques jours, est venue compléter et consolider à jamais l'œuvre de nos pères. Ah! voyez-le, ce peuple magnanime qu'au mépris des sermens les plus sacrés on voulait courber sous un joug humiliant, et dépouiller d'une liberté dont il est si digne, et qu'il avait conquise au prix de tant de sacrifices et de sang précieux! voyez-le! Il se lève comme un seul homme, et brise, avec une vertueuse indignation, les fers qu'on lui préparait. Son courage ne recule devant aucun danger. La mort vomie par le despotisme ne l'effraie pas; il la brave pour rester libre. Sa victoire, dont il use avec une modération, avec une générosité et une sagesse qui feront l'admiration des siècles futurs, prépare le retour à

L'ordre , le triomphe des lois et de la vraie liberté, sous un monarque qui met sa gloire à en être l'ami, et dont les nobles et touchantes vertus , exercées long-temps dans le silence, promettent à notre belle patrie un avenir de sécurité , de paix et de prospérité réelle. Qui ne bénirait Dieu de vivre à une époque qui voit s'accomplir des événemens si merveilleux et si honorables pour l'humanité , et d'appartenir à une nation qui sait vouer à la liberté un culte si fervent et si pur? Désormais la France , heureuse au dedans et respectée au dehors, marchera à la tête de la civilisation, et verra son nom invoqué avec confiance par les peuples qui chercheront à ressaisir leur indépendance. Tous les genres d'amélioration et de prospérité découleront en abondance d'un état de choses fondé sur la justice et sur le respect des droits sacrés de l'humanité. Les lois, obéies consciencieusement, parcequ'elles seront l'expression des besoins et des vœux de la société, et qu'elles seront établies dans l'intérêt de tous, exerceront de toutes parts leur salutaire empire, et ne seront plus redoutables qu'aux ennemis de l'ordre et de la paix. Une sage constitution , adoptée franchement, et par le souverain et par la nation, établit entre les différens pouvoirs de l'état une juste balance, et garantit les droits et la liberté de tous les citoyens, qui n'auront plus à craindre de se voir contrariés à chaque instant dans l'exercice légitime de leurs talents, de leur activité et de leur industrie.

Que le présent est donc beau! mes chers frères, et quel avenir brillant s'ouvre encore pour nos enfans! avenir qui réalisera toutes les espérances des amis de l'humanité et de la vertu. Ah! les yeux se reposent avec une douce sérénité sur un pareil spectacle! Le cœur, ému et pénétré d'une pieuse joie, sent le besoin de louer et de remercier celui de qui découlent tant de graces et de bien-faits!

Vous le voyez, chrétiens, nous avons les plus justes motifs de bénir Dieu du temps où il nous fait vivre, et de lui en témoigner une profonde re-connaissance. Mais cette reconnaissance, pour lui être vraiment agréable, ne doit pas rester stérile; il faut plutôt qu'elle se manifeste par l'accomplis-sement fidèle et consciencieux des importans de-voirs qui naissent des graces toutes particulières dont le Seigneur nous comble.

A. Et d'abord, puisque Dieu nous bénit comme chrétiens en nous faisant vivre à une époque où les droits de la conscience sont respectés, et où il est permis à chacun de lui rendre les hommages et le culte que lui dicte son cœur; puisque notre sainte foi n'est plus pour nous un titre de proscription, mais que nous pouvons en suivre librement les divins préceptes et pénétrer nos ames de ses douces et pures influences, attachons-nous-y avec un redoublement de ferveur et de zéle. N'est-elle pas le gage de notre bonheur présent et futur? n'est-elle pas la source de toutes les consolations et de toutes les grandes espérances? Soyons donc réellement chrétiens, par la sincérité de nos convictions et par la beauté constante de nos œuvres. Honorons de plus en plus, par une conduite pure devant Dieu et devant les hommes, cette religion qui repousse avec autant d'horreur l'hypocrisie que l'impiété, et qui n'agrée que des hommages francs et désintéressés. Associons-nous avec ardeur aux progrés du vrai christianisme, en contribuant, chacun en particulier, à le faire régner dans nos cœurs. Que notre piété soit toujours la fidèle expression des sentimens de confiance, de dévouement, de reconnaissance et d'amour dont nous devons être pénétrés pour notre Père céleste, et qu'elle fasse constamment de nous des hommes justes, bienfaisans, des membres utiles de la société et des amis dévoués de la patrie.

B. Dieu nous bénit encore, en nous prodiguant avec abondance les moyens d'éclairer notre intelligence, de nous entourer des trésors de la science, de marcher au flambeau de la vérité, et de perfectionner tout notre être moral. Prouvons-lui donc notre reconnaissance en en profitant. Ne laissons échapper aucune occasion de nous instruire et d'augmenter nos lumières. Aimons par-dessus tout la vérité ; répandons-la autour de nous ; gravons-en les nobles maximes dans nos cœurs et dans ceux de nos enfans. Soyons un peuple éclairé, afin d'être un peuple vertueux et moral. Oui, mes frères, mettons une pieuse émulation à accomplir les devoirs de tous genres qui nous sont imposés d'en haut, et dont il ne nous est plus permis d'ignorer l'importance et la sainteté. Honorons, par une conduite en harmonie avec la dignité du nom d'homme et avec la grandeur de notre destination, toutes les relations où la providence nous a placés. Répandons sur notre existence entière, que Dieu se plait à embellir de ses bienfaits, la bonne odeur de nos vertus. Ah! tandis que l'humanité va continuellement en s'éclairant et en se perfectionnant, voudrions-nous rester en dehors d'un si beau mouvement, en nous plongeant dans l'ignorance et dans la corruption? Oserions-nous refuser de contribuer pour notre part, dans les différens postes qui nous sont assignés, à l'amélioration de notre espèce? Non, mes frères, marchons plutôt dans toutes les voies du bien; encourageons-nous des nobles exemples qui nous sont offerts de toutes parts, et appliquons-nous à imiter, autant qu'il est en nous, les beaux caractères et les grandes vertus qui font l'honneur de notre siècle.

C. Enfin, Dieu nous bénit, comme citoyens, en nous faisant vivre à une époque où la vraie liberté nous couvre de son égide tutélaire et ouvre devant nous une nouvelle carrière de prospérité et de gloire. Ah! sentons ce bienfait inestimable de la Providence, et montrons-nous-en dignes! Soyons toujours les premiers à respecter les lois qui nous protègent; obéissons-leur sans réserve et par motif de conscience. Que la concorde, qu'une intelligence fraternelle régnent toujours parmi nous. Environnons de notre amour et de notre vénération, comme d'un rempart inexpugnable, cette Charte qui est le palladium et le gage du salut de la France. Que notre belle patrie voie constamment sa prospérité s'accroître par notre union, par notre amour de l'ordre, par notre activité, par notre fidélité et notre dévouement au monarque chéri qui, après avoir toujours été bon époux et bon père, ne peut manquer d'être un roi selon le cœur du peuple, et qui n'a reçu le sceptre des mains des Français que pour le faire servir au commun bonheur. Et si elle devait un jour courir de nouveaux dangers, si l'on cherchait à y semer le trouble et la guerre, serrons-nous autour de son autel;

jurons, à la face de Dieu, de ne pas l'abandonner et de tout braver pour sa défense. Mais repoussons loin de nous de semblables craintes; l'étranger, qui nous admire, respectera une nation qui sait se montrer à la fois et si grande et si sage. Non, la patrie n'aura pas besoin de sacrifices sanglans. Ce qu'elle nous demande maintenant, ce sont les actes journaliers d'un vrai patriotisme. Qu'elle grandisse donc et prospère par notre dévouement, par notre zèle du bien public! Qu'elle s'enrichisse chaque jour de nos talens et de nos vertus! Sa gloire et ses succès ne seront-ils pas aussi les nôtres? *Priez donc, comme le dit le Psalmiste; priez pour la paix de Jérusalem; car dans sa paix vous aurez la paix!* Amen!